Voksen!?

Steffen Lund Birkmose

VOKSEN?!

DIGTE FRA MIDT 20'ERNE

Forsidebillede: Touann Gatouillat Vergos, fundet på Unsplash

Forlag: BoD – Books on Demand, København, Danmark

Tryk: BoD – Books on Demand, Norderstedt, Tyskland

ISBN: 978-87-4301-497-3

Prolog

Det var morgen
Jeg var glad da jeg satte mig til bordet
Skulle spise jordbær med sukker og mælk
Havde 10.000 planer og mod på det hele
Da jeg tabte skeen
Så den sure mælk gennemvæde dagens avis
Lorte morgen

Jeg er
Midt i tyverne
Stadig single
Stadig desperat
Jeg er
Vanvittig dårlig til at være alene
Eller bare vanvittig dårlig til at blive voksen

Jeg har en fyldt vasketøjskurv
Der burde blive tømt
Inden den flyder over
Der er spindelvæv i loftet
Der burde blive fjernet
Inden det omslutter mig
Min cykel er flad
Den burde jeg lappe
Så den ikke står i stilstand
Så jeg ikke står i stilstand
Jeg står stille
Jeg sætter mig ned

Jeg skjuler meget
Men ingen opdager
Mine sår under huden
Ingen stopper mig
Jeg får bare lov til
At sejle i eget kaos
Jeg længes efter nogen der behøver
at jeg passer på mig selv
Jeg længes efter
At være uundværlig

Der står to tomme stole
I solen
Dem kunne vi sidde i
Og holde i hånd
Vi kunne sidde tæt
Eller måske bare i én stol
Så der var plads til andre
Ja, der står to tomme stole i solen
Jeg kan se dem fra mit vindue

Måske skulle jeg bruge noget tid på
At grave mig ud af mig selv
For at nyde nyets udsigt
I stedet for at stirre mig blind i sortblodsmørket
Der pulserer i min krop
Jeg frygter at glemme mig selv
Men føler behov for en udgravning

Jeg går en tur bag byens facade
Forbi et øde areal
Nogen har været der før mig
Og har forurenet stedet
De små børn må ikke lege der mere
I nærheden ligger en lukket skole
Et offer for centraliseringen
Der er et skilt
Der advarer os om de legende børn

1 akt

Der var engang en fisker, der boede tæt ved havet. En dag så han en smuk havfrue sidde på en sten ude i vandet. Han skyndte sig ned til sin båd. Han ville ud til hende. Knap var han kommet i vandet, før det begyndte at storme. Fiskeren opgav hurtigt, og vendte tilbage til land. Den næste dag sad havfruen endnu en gang ude i havet. Fiskeren skyndte sig ned til båden, men knap var han kommet i vandet, før endnu et stormvejr brød løs. Denne gang opgav fiskeren ikke med det samme, men da bølgerne til sidst var flere meter høje, opgav han til sidst. Den tredje dag sad havfruen der igen. Endnu engang gik fiskeren i båden, og endnu engang blev det stormvejr. Men denne gang opgav fiskeren ikke. Han kæmpede sig hele vejen hen til havfruen. Men da hun så ham, sagde hun "dur ikke" og hoppede i vandet. I det hun landede i vandet, sprøjtede det op i fiskerens øje, og han blev blind. Sådan gik det til at fiskeren mistede sit syn.

Pludselig så jeg hende
Et smil i menneskemængden
Brød vidunderligt ind i hverdagsmørket
I en kort samtale om ligegyldigheder
Vævede hun sig ind i mine tanker
Hvem er hun?
Hvor meget tid har jeg spildt i mørket?
I nat er noget nyt begyndt!

Hun er interessant
Bare interessant
Mine følelser har allerede
Forvildet sig forbi det punkt
Drømme om en fjern fremtid vokser frem
Rolig nu, vi skal lige se det an, osv.
Jeg prøver at fremtvinge besindighed
Mine følelser er ligeglade
De breder sig eksplosivt i kroppen
Som varm sirup i systemet

En velkendt stemme dukker op
Den kalder sig fornuften
Drop det drømmeprins
Det bliver ikke til noget
Vrænger den
Den fremstiller mareridtsscenarier
Kalder dem for virkelighed
Imens den slider og vrider i mit mod
Jeg tror jeg vil kalde den for
Dårlige erfaringer

Det er et godt stykke tid siden
Hun forsvandt
Men det sidder der stadig
Destruktionen af det jeg havde bygget op
Modet, selvtilliden
Håbet

Jeg gemte mig i for længe
Bag en selvskabt mur
Da jeg fik bygget mig op over den
Faldt jeg hårdt
Det endte før det rigtigt begyndte
Tilbage sidder jeg med smerter
Fra en knust forestilling
Jeg håbede virkelig på en lykkelig slutning

At det ikke blive til noget
Selvom om jeg prøvede
Bekræftede mine forestillinger
En forud bestemt tragedie

Siden da har jeg ikke rigtig forsøgt
Har gemt mig bag mine ord
Der er ikke noget at skrive hjem om
Fortæller jeg mig selv
Men jeg tror desværre
Det er mit syn der er fejlen

Et skrøbeligt håb
En tåbelig tanke slog rod
Måske ville hun være der
Noget i mig troede på det
Og skabte vilde fantasier
Der bredte sig som gyldne spindelvæv
I barikerede kroge

Hvor er det vildt
Hun var der
Fantasien vævede sig ind
I virkelighedens verden
Vi sagde hej
Og skabte relation
Lygterne i vintermørket blev tændt
Og der kom en rensende ro
Mit skærende indadvendte blik
Gled ud af situationen

Men hvis det udvikler sig
Vil jeg blive nød til at konfrontere
Mit skjulte kaos
Det bag facaden af selvsikkerhed
Konsekvenserne er ukendte
Det trygge kendte vil blive forandret
Jeg tør ikke selv gå videre
Men følger alligevel med
Så må du lede vejen

Den del hvor jeg tager et spejl frem, og graver mig ned i mit indre.

Jeg har placeret mig selv foran et spejl
Der ser jeg kun mit eget syn på mig selv

Argh
Det hele flyder rundt
Jeg vil lade det flyde ned på papiret
Transformere det til ord
Ordne ordene og forme dem
Skabe en sammenhængene historie

Jeg vil gerne tage alle de dele
Der flyder rundt
Lade dem få et sprog
Så de kan fortælle mig
Hvorfor de skaber uro
Hvorfor min krop dirrer
Inden jeg skal sove

Jeg har en voldsom lyst til flugt
I stedet for at stirre frygten i øjnene
Den er et monster
Der forsvinder når jeg nævner dens navn
Men er jeg for bange for at sige det højt
Den æder mine drømme om fremtiden
Bliver større af min stilstand
Og tvinger mig ned

Jeg skal dø
Altså en dag
Jeg prøver at pakke tanken væk
Men den breder sig som urolighed i kroppen
Angsten ligger lige under overfladen
Truer med et angreb
Jeg kender dig godt, tænker jeg
Den forsvinder
Men kroppen skælver stadig
Minder mig om
At der er noget, jeg skal forholde mig til

I lange stimer af timer
sidder jeg og stirre
på urets viser
der snegler sig afsted
Senere fortryder jeg den spildte tid
Inden jeg får set mig om
Går den
Lige nu bevæger den sig i slow-motion

Jeg sidder med en dobbelt følelse
Gid tiden ville gå
Nej, vent, bliv
Jeg er ked af, at så meget af den
Allerede er gået

Dagene løb fra mig
Jeg frygter at have spildt dem
Ud over de forkerte ting
Der er for mange huller
Og for lidt vilje til at lappe dem

Til min overraskelse
Er der flyttet en cirkusdirektør ind
I mit sind
Han råber op!
Vil gøre opmærksom på sig selv
Og sit vanvittige show
Ingen kan lave et show som ham
Tænker han
Imens så stresser han alle andre
Og sig selv
Ihjel

Siger man ja
Vælger man til
Og det der vælges til
Skal man passe på og værne om
Så det ikke går i stykker
Der er ting der skal gøres
Bevægelse er en nødvendighed
Man skal bevæge sig
Fremad
Ansvaret er dit!
Jeg stirrer længselsfuldt tilbage

Jeg tager frivilligt lænker på
Er pludselig overbelastet
Glæden forsvandt i faldet
Jeg ligger fladt på jorden
Med ansvaret hængende over hovedet
Jeg mangler et sted, hvor jeg kan smide det
Forlade det
Så jeg igen kan opleve
Barndommens naive frihed

Jeg gemmer mig i lastrummet
Ingen står ved roret
Havet bestemmer retningen
Jeg vil gerne rejse mig
Tage styringen
Lede skibet på ret kurs
Men får det ikke gjort
Jeg brokker mig i stedet
Over tingenes tilstand

Jeg føler at jeg tit eksplodere i selskaber
Bliver for meget
Nogle gange imploderer jeg
Sidder forstenet
Og føler at jeg har glemt
Hvordan man er selskabelig

Der er nok prinser og prinsesser
Folk der vil have opmærksomhed
Og som forlanger noget af andre
Men tjenestefolk
Der sætter andre først
Og arbejder i det skjulte
Dem er der en mangel på
Jeg hylder dem med et ydmygt sind
Det ligger mig ikke naturligt at tjene
Men det er en evne jeg gerne vil lære
For de der tjener, er i sandhed rige

Jeg frygter at mine tankebaner
Har ført mig væk fra virkeligheden
Det er vigtigt at jeg giver mig selv tid
Til at styre deres retning
Eller lukke dem ned
Så jeg ikke mister herredømmet
Over mit liv

Akt 3

Ja, mand
Det skal vi
Vi skal være tankeløse
Falde ned i situationen
Bare være
Kun os to
Inden vi føler behovet for fremdrift
Siger tak for aften og farvel
Bagefter fylder jeg situationen med magi
Og drømmer mig væk
I den næsten kliché-agtige lykke

Jeg prøver forsigtigt at være mig selv
Viser dig sortblodet
Der pulserer i kroppen
Du smiler
Du kender det godt, siger du

Og jeg mærker forårsvarmen brede sig
Er det ikke som om, at sortblodet forsvinder?
Bevæger sig ud af kroppen
Bliver til varm luft
Jeg står nu med begge ben på Jorden

Hun så det
Hvad der før var skjult
Jeg blev i et uopmærksomt sekund
Ufrivilligt hævet frem i lyset
Flugt var ikke muligt
Panikken bredte sig
Truede med at kvæle kroppen
Ingen mulighed for tilbagevenden
Ordene var sagt, og blev til virkelighed
Hvad jeg før gemte væk
Står nu nøgent til skue
Kun hendes nærvær forhindrer
At situationen bryder sammen

Hvor er det godt at have en ven
Der kan tage en i hånden
Når gamle trygge rammer skal brydes ned
Så man kan komme videre fra stilstanden
Hvis ingen tilbød mig en hånd
Hvordan skulle jeg så kunne klare
At blive voksen
Hvis ingen hjalp mig på vej
Ville jeg så ikke stoppe med at gå
Hvor er det godt at have venner
Der kan trække solstråler op gennem sprækkerne
Hvor er det godt
At der i tågede tilstande
Er lygter der lyser

Hun er
Endnu kun det
Jeg næsten ikke tør håbe på
Der er et eller andet der vækker mig
Måske det er i hendes øjne
Måske i hendes smil
En sprudlende fornemmelse vokser frem

Hun omfavner mig og mine klichéer
Sammen med hende kan jeg være uperfekt
Jeg behøver ikke være mere
Vi deler vores fejl og tåbelighed
Griner af dem
Hos hende kan jeg være tryg

Lige nu er hun noget særligt
Ingen er som hende
Hun tænker og gør tingende anderledes
Så jeg kan ikke regne hende ud
Hun er ikke en muse eller en løvinde
Hun er

Men
Jeg tør endnu ikke tage de nødvendige skridt
Tør ikke
I frygt for at grundlaget ikke holder
Jeg er så bange for frit fald
Og for at miste det jeg har

Men
Jeg er en løve
Der er bange for ilden
Jeg gemmer mig i en hjemmebrygget tåge
Gæret på dårlige undskyldninger
Har selvindbildte torne i poten
Der bremser fremdriften
Jeg mangler min manke

Jeg føler
Min største svaghed er
At jeg placerer dig i mine billeder
Og der begrænses du
Så er du kun et redskab i mit univers
Men du kan ikke rummes i mine digte
Og mit blik er ikke dit
Så undskyld

Jeg fascineres af virkeligheden
Den bryder mine rammer
Sparker til min forståelse
Aldrig vil ord kunne indfange et menneske
En ramme
Må jeg straks udvide og føje til
Og måske endda omformulere

Nu har jeg igen glemt at nyde det
Sådan burde det ikke være
Det skulle være som en sjov leg
Hvor vi legede relationen frem
En uplanlagt forestilling
Hvor reglerne skabes løbende
Det vigtigste ville være
At vi begge havde det sjovt
Og ikke bekymrede os så meget om
Hvor vi skulle hen
Og med hvilket formål
Så kunne virkeligheden og dens alvor bare vente
Og så ville vi glemme tid og sted
Og bare fylde os med spontan glæde

I stedet for frygter jeg
At du ikke gider at lege
Inden legen overhovedet er startet
Jeg tænker
I stedet for at lege
Og dem der tænker
De er bare ikke sjove at lege med
Tænker jeg

Jeg elsker forelskelsen
Men ikke alt det der følger med
Alt uroligheden og det uforståelige
Det tager også mit fokus
Jeg søger at udfylde tomrummet
Ingen pige kan udfylde det
Det ved jeg godt!
Men jeg handler ikke efter det
Jeg forsætter min søgen efter det umulige

Jeg ved ikke.

Har da leget lidt med tanken.

Men det ville ændre alt det jeg kendte
Konsekvenserne skræmmer mig
Der er ingen sikkerhed
Ingen garanti for at det ville gå godt
Det skal åbenbart være svært at vælge

Akt 4

For at danne min identitet
Har jeg prøvet forskellige roller
Bevæger mig fra prøverum til scene
Og tilbage igen
Prøver stadig nye ting
Selvom fornyelserne er begrænsede

Jeg er et remix
Sammensat af elementer og fragmenter
Lånt og kopieret fra min omverden
Noget har sat sig fast
Andet sidder løst og forsvinder

Jeg flyder og dannes konstant
Men jeg længes efter at stå fast

Dengang var det som om
At der var noget at være bange for
Et spøgelse på loftet
Der truede husfreden
Der var en uro
Der måske stadig sidder i min krop

Efter jeg blev lagt i seng, listede jeg op
Satte mig ved den lukkede dør
Lyttede til den voksne verden
Jeg var bange for, at den ville gå i stykker

En nat vågnede jeg af brandalarmen
Jeg tænkte, at nu vælter verden
Men ellers var jeg rolig

Det var bare batteriet der var tomt

Dengang viste vi ikke hvad vi var
Vi var bare lidt anderledes
Uden at det var det egentlige mål
Vi hørte det ingen kendte til
Fordi det alle hørte
Ikke sagde os så meget
Vi kunne snakke i timer
Hvis vi mødte en der også kendte bandet
Det var musik der skabte noget i os
Vi mærkede følelserne eksplodere
Man startede 3 bands
Ingen blev til noget
Så startede man bare et nyt
Det var før vi fik at vide, at vi var hipstere

Dengang jeg første gang skulle stå selv
Endte jeg med at stå alene
Og bære alle byrderne selv
Jeg sagde det ikke til nogen
Men jeg følte at jeg faldt
Langt ned i et mørke
Jeg mistede kontrollen
Men bad ikke om hjælp
Jeg tror stadig faldet
Og den dårlige samvittighed
Sidder i mig

Med tiden er der ting der forgår
Jeg ser med længsel tilbage på elementer
Der er faldet ud af mit liv
Kreativitet der med tiden er blevet begrænset
Veje som jeg har forladt
Som jeg savner at gå på
Jeg prøver at genopdage det tabte
Og samle
Men troen på at alt kan lade sig gøre
Er tabt

Jeg tænker på alle problemer på en gang
Imens vandstanden stiger
Foretages der uetiske forsøg
Endnu et land går i krig
Eller skal bekæmpes
Og nogen jeg ikke kender, tager mine rettigheder
Snart må jeg hverken ryge eller mene noget mere
I det ellers så omfavnende offentlige rum
Jeg ryger endnu en smøg
Men ellers gør jeg ikke så meget

Hvornår tabte vi troen?
Verden pulserer afsted
Håbet trækkes ned i et sort hul
Og vi snakker kun om det

Indeni vores kroppe
Ruller den dårlige selvtillid sig ud
Vi sidder tomme, og lader mørket herske
Orker kun det nærmeste
Imens verden går til grunde

Der er meget der kvæler livskraften
Kan det ændres?
Hvis du tager en hammer
Og jeg fandt nogle søm
Måske kunne vi bygge håbet op igen
Lade det lyse i mørket

Vi skal måske sortere og rive ned
Så der bliver plads
Der er alt for meget, der fylder for meget
Alt for meget der fylder for lidt
Vi har farvebombet verden til grå
Jeg går i stå
I stedet for at se fremad

Jeg længes efter en ny jord
Min afmægtighed overfor verden vokser
Jeg længes efter et nyt sted
Hvor man ikke skal passe tiden
Den eksisterer ikke
Byens larm og urolighederne forstummer
Ro og fred blomstrer frem

Der er meget der gør, at jeg har lyst til at vente
At jeg glemmer længslen
Mennesker der fortryller min verden
Men tænk
En dag forsvinder sortblodet fra min krop

AKT 5

Nu hvor du er væk
Ønsker jeg, at du kommer igen
Jeg vil gerne se dig
Snakke med dig om alt
Eller ligegyldigheder
Grine af vores særheder
Jeg ved meget om dig
Men ønsker at lære mere
Du er et spøgelse
Jeg ser i uforklarlige mønstre

Virkeligheden forvandles til en sekvens
Der spilles på repeat i mit hoved
Efterhånden forsvinder nuancerne
Til sidst er der kun en pige der smiler
Og en pige der siger farvel

Gav jeg op for tidligt
Eller prøvede jeg overhovedet?
Spørgsmålene rumsterer stadig i mine tanker
Konklusionerne virker mangelfulde
Det var bedst at give op
Sagde til mig selv
Men hvorfor?

Husk at være glad
Siger jeg bestemt til mig selv
Jeg har igen begravet mig i mørket
Sådan skal det ikke være
Der må være glædestråle
Som kan trække mig op
Et smil i dagende der giver håb

Inderst inde
Bag alt sortblodet
Og det jeg kalder identitet
Er der en perle jeg tit glemmer
Min værdi
Den kan jeg ikke pille ved
Ændre eller forandre
Det er virkelig rart
I en tid hvor alt andet flyder

Jeg roder rundt i relationer
Forstår ikke halvdelen
Eller hvordan de skal forbindes
Situationer og mennesker
Hvirvler rundt i mit hoved
Lige nu elsker jeg det
Hvor er jeg velsignet
At der sker så meget i mit liv

Ja man, sådan skal livet være
Minder der skabes
Med jazz i baggrunden
Uden forestillinger om fremtiden
Et nu der først senere huskes
Som sjælden sød poesi

Du er smilet
Min solopgang i mørket
Fra dybet svæver jeg op
Du giver mig vinger
Som Ikaros

Når jeg falder
Er du favnen
Jeg lander i
Som omfavner mig

Du lader mig forstå
At jeg er dyrebar

Betydningen skal findes i starten
Og i slutningen
Men jeg glemmer at kigge efter
Jeg glemmer at samle trådende
Så får jeg løse ender
Og begynder at brokke mig over
At der mangler sammenhæng

Betydning bryder ud
Af det uforståelige
Sammenhænge samles som brikker
Det virker som om
Der er mening i roderiet
Måske er det en selvskabt mening
Nu er den der i hvert fald

Inderst inde er der et hjerte
Det smukkeste jeg har set
Men jeg kan ikke købe det
Ikke gøre mig fortjent til det
Hvis det bliver mit, er det kun fordi
Det har valgt mig

EPILOG

Jeg er træt
Sidder og venter på toget
Med en tons tung kuffert
Det har været en hård tid
Nu længes jeg efter at komme hjem

Jeg ville ønske at der var en
At komme hjem til
Men mit værelse er tomt, når jeg forlader det
Hun er endnu kun en skrøbelig mulighed

Toget kommer
Bryder stilheden
Jeg træder ind i vognen
Lader mig føre gennem natten
Til mit hjem